BEI GRIN MACHT SICH IHR WISSEN BEZAHLT

AF155075

- Wir veröffentlichen Ihre Hausarbeit,
  Bachelor- und Masterarbeit

- Ihr eigenes eBook und Buch -
  weltweit in allen wichtigen Shops

- Verdienen Sie an jedem Verkauf

Jetzt bei www.GRIN.com hochladen
und kostenlos publizieren

Philipp Bänsch

Begabung bei Menschen mit Behinderung

GRIN Verlag

Bibliografische Information der Deutschen Nationalbibliothek:

Die Deutsche Bibliothek verzeichnet diese Publikation in der Deutschen National-
bibliografie; detaillierte bibliografische Daten sind im Internet über http://dnb.d-
nb.de/ abrufbar.

Impressum:

Copyright © 2008 GRIN Verlag GmbH
Druck und Bindung: Books on Demand GmbH, Norderstedt Germany
ISBN: 978-3-640-17380-8

Dieses Buch bei GRIN:

http://www.grin.com/de/e-book/115806/begabung-bei-menschen-mit-behinderung

GRIN - Your knowledge has value

Der GRIN Verlag publiziert seit 1998 wissenschaftliche Arbeiten von Studenten, Hochschullehrern und anderen Akademikern als eBook und gedrucktes Buch. Die Verlagswebsite www.grin.com ist die ideale Plattform zur Veröffentlichung von Hausarbeiten, Abschlussarbeiten, wissenschaftlichen Aufsätzen, Dissertationen und Fachbüchern.

Besuchen Sie uns im Internet:

http://www.grin.com/

http://www.facebook.com/grincom

http://www.twitter.com/grin_com

Universität Rostock

Philosophische Fakultät

Institut für Pädagogische Psychologie

Studiengang: Lehramt für Gymnasium

Fachsemester: V

Wintersemester 2007/2008

Seminar: Begabung und Motivation

Thema der Hausarbeit:

Begabung bei Menschen mit Behinderung

Student: Philipp Bänsch616)

Rostock, den 07.07.2008

Inhaltsangabe

1. Einführung

Immer noch werden in der Gesellschaft behinderte Personen als nicht sonderlich begabt angesehen. Sie haben noch immer einen besonderen Platz in der Gesellschaft, doch diesen meist nicht aufgrund von Fähigkeiten sondern aufgrund ihrer Defizite, die es zu kompensieren gilt. Kaum wird ein Behinderter an seinen intellektuellen Fähigkeiten gemessen, vielmehr wird auf ihn Rücksicht genommen, sowohl in gesellschaftlicher Hinsicht als auch in Hinsicht auf die Bildungschancen.

In diese Problematik reihen sich die Bemühungen ein, Behinderte mit nicht- behinderten Personen sozial gleichzustellen, doch verfehlen Beschlüsse mit diesem Inhalt oftmals das Ziel, welches sie verfolgen. So ist eine Förderung eines behinderten Menschen oftmals eine Degradierung seiner Person, da Erlasse, wie das Behindertengleichstellungsgesetz (BGSTG), die gehandicapten Personen meist wieder in die Sparte der Abnormalität drängen. Hier ist auch zu erwähnen, dass in den Versuchen der Gleichberechtigung deutlich wird, dass hauptsächlich die Erleichterung des Alltaglebens im Vordergrund steht, nicht aber die individuelle Förderung eines Behinderten.

Dementsprechend ist die wissenschaftliche Grundlage im Bezug auf Texte, was diese individuelle Förderung angeht, in nur sehr unzureichendem Maße gegeben. So lässt sich selbst auf dem vom Ministerium für Bildung, Wissenschaft und Kultur verwalteten Bildungsserver (www.bildung-mv.de) kaum etwas zur Bildungsförderung körperlich-benachteiligter Personen finden.

Neben diesen gesamtgesellschaftlichen Problemen darf man jedoch den Einfluss der Behinderten selbst auf ihre Behandlung nicht außer Acht lassen.

Titus Bailer, Sonderschullehrer und Doktorrand, beschreibt diesen Aspekt so: behinderte Personen können aufgrund einer nicht entdeckten Begabung ein falsches Selbstbild und Selbstkonzept entwickeln, wodurch auch ihnen selbst eine Fehleinschätzung inne liegt. Dieses mangelhafte Selbstkonzept führt er jedoch auf den langen Einfluss der Gesellschaft zurück, womit er die Definition von Sander bestärkt.

Nach diesen einleitenden Worten wird es im Folgenden zuerst um die Begriffsbestimmungen von Begabung und Behinderung gehen, wobei das Augenmerk verstärkt auf die Behinderung gerichtet sein wird. Im Anschluss werden beide Begriffe dann zum Objekt dieser Arbeit zusammengeführt - der Begabung bei Behinderung. In diesem Komplex werden zudem sowohl das Thema der Problematik der Identifizierung angesprochen als auch Empfehlungen zur Diagnostik gegeben. Abschließend werden dann Forderungen erläutert, die sich aus den aktuellen bildungspolitischen Problemen ergeben, sowie ein Fazit zum Thema gezogen.

2. Begriffsbestimmungen Begabung / Behinderung

Die Begriffe Begabung und Behinderung grenzen sich in der allgemeinen Meinung inhaltlich voneinander ab. So versteht die Gesellschaft unter Begabung die geistige oder/und körperliche Mehrbefähigung und unter Behinderung die Benachteiligung von Menschen auf bestimmten Gebieten aufgrund von Defiziten. Die Verbindung von beiden Extremen ist also nicht auf den ersten Blick zu erschließen.

Wie kann man schon trotz hoher Defizite gleichsam eine hohe Begabung entwickeln? Diese inhaltliche Abgrenzung aber auch die Verbindung beider Begriffe soll hier von Bedeutung sein. Mit den bekannten Persönlichkeiten Louis Braille und Helen Keller seien nur zwei Personen genannt, die die Suche nach Begabungen bei Behinderten begründeten. So sind diese beiden exemplarisch für die Verbindung von den Polen anzusehen.

2.1. Begabung

Zur Begabung gibt es in der Literatur bekannte Definitionen und auch Abhandlungen über verschiedene Begabungsformen.[1] Da sich diese Arbeit jedoch hauptsächlich mit der Begabung bei Behinderung beschäftigt, wird der Begriff der Begabung nur grob skizziert.

Bei Hany und Nickel (1992) werden die Positionen der Begabungsforschung sowie deren Probleme diskutiert. Die erneute Auseinandersetzung mit dem Begabungsbegriff und die gegenläufige Meinung zur alten Theorie lösten einen neuen Schwung in der Definition aus. So kritisierten sie die eingeschränkte pädagogischen Möglichkeiten, die ausgeschlossenen leistungsmodifizierenden Faktoren, die vorbestimmte Entwicklungskontinuität und mehrere andere einschränkende Unzulänglichkeiten (Hany/Nickel, 1992, S.2).

In der Forschung wurden zudem im Laufe der Jahre immer wieder neue Schemata entwickelt, die die Diagnostik und die Spezifik von Begabung beinhalten sollten. So gibt es das interaktionale Modell der Hochbegabung (Triadisches Interdependenzmodell) nach Mönks, die „educational productivity" nach Walberg, der sehr früh entwickelte interaktionale Begabungsansatz von Stern und viele andere Konzepte, die bei Hany und Nickel (1992)

_____

weitere Beachtung finden. Da in dieser Arbeit jedoch der Schwerpunkt bei der Begabung bei Behinderung liegt, soll dies als kleines Geleitwort zur allgemeinen Begabung genügen und sich im Folgenden vermehrt um die Behinderung gekümmert werden.

2.2 Behinderung

Was ist Behinderung? In der Gesellschaft wird, wie bereits erwähnt, jemand als behindert angesehen, der durch körperliche oder geistige Defizite benachteiligt ist. In der Wissenschaft gibt es allerdings mehrere Definitionen des Begriffes Behinderung, die sich im Laufe der Zeit immer mehr ausdifferenzieren ließen. So wurde aufgrund eines Paradigmenwechsels in der Definition der Behinderung eine Abkehr vom alten Bild des Defizits ermöglicht. In der Definition der World Health Organisation (WHO) wird seit Anfang der 90er Jahre nunmehr das Bild von den Fähigkeiten behinderter Personen in den Mittelpunkt gerückt.

ICIDH(1980)	ICIDH-2
Impairment Schäden einer psychischen, physischen oder anatomischen Struktur	**Impairments** Beeinträchtigung einer Körperfunktion oder -struktur im Sinne einer wesentlichen Abweichung oder eines Verlustes
Disability Fähigkeitsstörung, die aufgrund der Schädigung entstanden ist	**Activity** Möglichkeiten der Aktivität eines Menschen, eine persönliche Verwirklichung zu erreichen
Handicap soziale Benachteiligung aufgrund der Schäden und/oder der Fähigkeitsstörung (Behinderung)	**Participation** Maß der Teilhabe an öffentlichen, gesellschaftlichen, kulturellen Aufgaben, Angelegenheiten und Errungenschaften

Kontextfaktoren
physikalische,
soziale   und
einstellungs-
bezogene Umwelt, in
der ein Mensch das
eigene   Leben
gestaltet

Neben dieser Definition gibt es noch weitere; die ganzheitliche und umfassendste findet man wohl im Sozialgesetzbuch IX, §2 Abs. 1:

„Menschen sind behindert, wenn ihre körperliche Funktion, geistige Fähigkeit oder seelische Gesundheit mit hoher Wahrscheinlichkeit länger als sechs Monate von dem für das Lebensalter typischen Zustand abweichen und daher ihre Teilhabe am Leben in der Gesellschaft beeinträchtigt ist. Sie sind von Behinderung bedroht, wenn die Beeinträchtigung zu erwarten ist."

Wesentlich bei dieser Definition ist der Passus „länger als sechs Monate", der die andauernde Beeinträchtigung, also eine zeitliche Ausdehnung des Handicap, unterstreicht.

Im Vergleich zu dieser Begriffsbestimmung wird die wohl provokanteste und gesellschaftskritischste von Alfred Sander vertreten:

„Behinderung liegt vor, wenn ein Mensch mit einer Schädigung oder Leistungsminderung ungenügend in sein vielschichtiges Mensch-Umfeld-System integriert ist"[2] (zitiert nach Eberwein/Knauer, 2002)

Seine Definition rückt, wie auch die neuere der WHO, die Gesellschaft in den Mittelpunkt und macht nicht die körperlichen oder geistigen Benachteiligungen behinderter Menschen sondern die mangelnde soziale Kompetenz der Gesellschaft ursächlich für die Behinderung verantwortlich.

Im Vergleich der Definitionen von Behinderung darf man nicht vergessen, dass die einzelnen niemals eine vollständige Erklärung liefern können. Sie stellen wie so viele Definitionen einzelne Aspekte in den Vordergrund. Um allerdings einen ganzheitlichen Überblick zu erhalten, sollte man die Definitionen in der Betrachtung der Thematik koppeln, um einzelne Faktoren, die die Behinderung beeinflussen, nicht zu vernachlässigen.

Dies zeigt das Beispiel der Definition durch Jäger (2002), der die einzelnen Benachteiligungen nicht näher erläutert und selbst eher die gesellschaftskritische Variante der Begriffsbestimmung bevorzugt:

„Eine Körper- oder Sinnesbehinderung ist im täglichen Leben umso schwieriger zu kompensieren, desto verfestigter die gesellschaftlichen Vorurteile sind und die gesellschaftlichen Rahmenbedingungen nur in unzureichender Weise auf die Situation behinderter Menschen Rücksicht nehmen" (S. 56)

Er geht hierbei in gewisser Weise sowohl auf die Theorie von Sander als auch auf die Definition der WHO ein, in der die Kompensationsfähigkeiten behinderter Personen eine zentrale Rolle einnehmen.

Man sieht also, zur Bestimmung von Behinderung ist es nötig, auf verschiedene Kontextfaktoren einzugehen, um sie komplett definierbar zu machen.

3. Begabung bei Behinderung

Eine Begabung bei Behinderung ist in der Gesellschaft oftmals, und auch nach älteren Definitionen, sehr schwer zu verstehen, beschreibt doch die Begabung eine Erhöhung eines Leistungspotentials, die Behinderung das genaue Gegenteil- die Verminderung von Leistung. Nach neueren Definitionen, wie der von Sander oder der WHO, und auch Untersuchungen kann man jedoch die beiden Extreme verbinden.

Geht man wie Bailer (2007) davon aus, dass ca. 2-5% aller Kinder und Jugendlichen eines Jahrgangs ein weit überdurchschnittliches Potential aufweisen, so kann man auch bei behinderten Personen von einer solchen Verteilung der Intelligenz ausgehen (www.begabungszentrum.de). Was jedoch immer wieder in den Fokus gerät ist die Frühförderung und Diagnose von Hochbegabung. Nur durch entsprechende Förderung und Anregung, sowohl im schulischen als auch familiären Bereich, kann eine Leistungsentwicklung und somit eine positive Entwicklung des Kindes vonstatten gehen.

Jedoch gibt es für behinderte Personen annähernd keine Förder- und Diagnoseeinrichtungen im europäischen Raum (im Gegensatz zu Institutionen für nicht behinderte Personen), wodurch die Früherkennung erschwert wird. Bei diesem Problem stellt sich dann die Folgeerscheinung des Underachievements ein, bei der die Verteilung zwischen behinderten und nicht- behinderten Personen signifikant unterschiedlich ist. Während es bei Menschen ohne Beeinträchtigung eine Quote von ca. 15- 20% gibt, existiert bei Personen mit Handicap ein Anteil von Underachievern von bis zu 50%.

Zusätzlich zu diesem Problem, der fehlenden Diagnoseeinrichtungen, existiert noch ein ebenso großes Defizit bei der Erkennung von Begabung: das des Verdeckungseffekts. Auf diese Schwierigkeiten der Begabungsidentifizierung soll im Folgenden näher eingegangen werden.

3.1. Probleme der Begabungsidentifizierung

„Ein Mädchen wird mit 7 Jahren verspätet in die Volksschule eingeschult, weil seine Sprache verarmt, stark verstammelt und dysgrammatisch ist. Das Kind erscheint auch geistig zurückgeblieben. Nach einem Jahr Volksschule wird ein Antrag auf Überweisung in die Hilfsschule gestellt. Obwohl die Mutter auf das schlechte Gehör ihrer Tochter hinweist, wird keine genaue Hörprüfung vorgenommen und sowohl von seiten der Gesundheits- als auch der Schulbehörde die Hilfsschulwürdigkeit festgestellt. Mit 15 Jahren verlässt das Mädchen die Hilfsschule, kann aber keine Berufsausbildung beginnen, weil außer dem Makel der Hilfsschule die Verständigung äußerst schlecht ist. Im Zusammenhang mit einer Mandeloperation wird vom Ohrenarzt zwar ein Audiogramm gemacht und ein Hörgerät verordnet, aber nicht das besondere Hör- und Sprachtraining angeschlossen. Erst mit 18 Jahren wird klinisch eine eingehende audiologische und sprachärztliche Untersuchung vorgenommen, die zu einer Neuverordnung von zwei Hörgeräten und einer intensiven Sprachtherapie führt. Die psychologische Prüfung ergibt bei verbalen und averbalen Testverfahren einen Gesamt- IQ von 103, also eine im Bereich der Norm liegende Intelligenz. Für die Ergänzung der minderen Schulausbildung ist es nun aber zu spät."

(Solarova 1979, S. 11f.)

Dieses Beispiel zeigt, welchen Schwierigkeiten man bei der Diagnose von Begabung bei Behinderung gegenübersteht - eine gewisse Art des Verdeckungseffekts, dem „Bild der Mittelmäßigkeit", was von beiden Seiten als problematisch zu werten ist.

Nach Wellmitz (1993) besteht der Verdeckungseffekt darin, dass „[a]uf der Bewegungseinschränkung beruhende Besonderheiten im kommunikativen Bereich (Art und Weise der sprachlichen Äußerung, Mimik und Gestik) […] leicht zu falschen Rückschlüssen auf die intellektuelle Fähigkeit [führen]".

Genauer beschreibt die Diplom Sozialarbeiterin und Sozialpädagogin Sibylle Krauskopf dieses Problem. Laut Krauskopf (2002) müssen Personen mit einer Beeinträchtigung versuchen, diese zu kompensieren, um in der Gesellschaft angenommen zu werden. Das führt langfristig zu einer Absorption von Kraftreserven, wodurch ein Mangel an Energie zur Aneignung von Bildung und Förderung auftritt. Dieses Phänomen beschreibt sie als „Bild der Mittelmäßigkeit" (S. 180).

Betrachtet man vor diesem Hintergrund noch einmal das oben zitierte Beispiel, so sieht man, dass der Verdeckungseffekt hier eine wichtige Einflussgröße für das Verhalten der Gesellschaft ist. Aufgrund der mangelnden Kommunikationsfähigkeit, welche durch die Behinderung des Mädchens auftritt, wird sie von der „normalen" Schulbildung ausgeschlossen, obwohl eine genauere Untersuchung dies womöglich hätte verhindern können. Im Rückblick kann man natürlich nicht sagen welche Leistungsentwicklung das Mädchen genommen hätte, doch, durch den IQ-Wert von 103, nach länger anhaltendem Ausschluss von den höheren Bildungseinrichtungen, kann man mutmaßen, dass mit einer erhöhten Förderung eine Leistungssteigerung hätte erreicht werden können.

Neben den genannten Problemen gibt es natürlich noch wesentlich mehr Schwierigkeiten, die eine besondere Beobachtung der behinderten Schüler erfordern.

Laut Christian Fels (1999) sind dabei besonders folgende zu nennen:

„behinderungsbedingte Entwicklungsverzögerungen, stereotype Erwartungen an die Fähigkeiten Behinderter, fehlende Herausforderungen an die Betroffenen, behinderungsbedingte Erfahrungsdefizite und Charakteristika der spezifischen Behinderung, welche die gängigen Identifizierungsverfahren erschweren und deren Ergebnisse beeinträchtigen"

Darauf aufbauend ergeben sich dementsprechend spezielle Anforderungen an die Diagnostik im Fall behinderter Personen. Man kann keine Testbatterien gedankenlos aus dem Bereich für nicht- behinderte Personen übernehmen, da bestimmte Behinderungen auch bestimmte Testverfahren erfordern.

3.2. Begabungsidentifizierung

Nachdem sich diese Arbeit mit den Problemen, die sich bei der Identifizierung Hochbegabung bei Personen mit Behinderung ergeben, beschäftigt hat, wird nun aufbauend auf den Überlegungen der Stiftung zur Förderung körperbehinderter Hochbegabter (Vaduz, Fürstentum Liechtenstein) ein Schema zur Diagnostik erläutert.

Blickt man auf die speziellen Bedürfnisse von Behinderten, so ist es nicht verwunderlich, dass man nicht einfach diagnostische Tests aus der Erkennung von hochbegabten Personen ohne Behinderung übernehmen kann. Vielmehr ist es nötig, integrative Untersuchungsmethoden zu wählen, die es ermöglichen auch im Umfeld der Person zu evaluieren, d.h. dass man Tests und Eignungsuntersuchungen zur Kompensationsfähigkeit und dem Sozialverhalten durchführt und zudem eine Entwicklungsprognose erstellt. All diese Tests sind notwendig, um einen genauen Überblick über die spezielle Hochbegabung zu erlangen und eine Förderwürdigkeit festzustellen.

Neben dieser Besonderheit der integrativen Untersuchungsverfahren erfordern diese zusätzlich spezielle Gütekriterien, die über die der Diagnostik bei Personen ohne Beeinträchtigung (Validität, Reliabilität, Objektivität) hinausgehen.

Kriterien der Gültigkeit sonderpädagogischer Untersuchungsverfahren

1. Kenntnis der sozialen Ausgangslage (familiär, institutionell, Beruf)
2. Angemessenheit der eingesetzten Untersuchungsmethoden
3. Zielgerichtetheit des Feststellungsverfahrens (Klarheit, Logik)
4. Verfahrensgerechtigkeit durch Beachtung der besonderen kommunikativ-sprachlichen Bedingungen in den Interaktionen (Gebärdendolmetscher, Wahrnehmungshilfen)
5. Objektivität in der Darstellung der Dokumentation
6. Eindeutigkeit in der Begründung und Empfehlung der abschließenden Stellungnahme

---

(Jussen, 2002, S.86)

Bei dieser Auflistung der Gütekriterien wird deutlich, dass es von Nöten ist, auf die „spezial needs" der Behinderten einzugehen. Zwar werden die Kriterien Validität, Reliabilität und Objektivität als Kernelemente gesehen (vgl. 2-5), allerdings fließen auch die Umweltfaktoren (Familie, Schule, Beruf) in die Untersuchung zwingend mit ein. Zudem werden den spezifischen Behinderungen Hilfsmittel zur Erfassung der Aufgaben zugebilligt, um einen ordnungsgemäßen Ablauf des diagnostischen Verfahrens zu gewährleisten (vgl. 4).

Um die Komplexität eines solchen Testverfahrens zu erreichen, ist hierbei die enge Kooperation zwischen Elternhaus, der Institution Schule und dem Freundeskreis zu gewährleisten, da erst durch diese die bedeutenden Kontextfaktoren ermittelt und die Einflussgrößen eingeordnet und bewertet werden können.

Wie bei Personen ohne eine Behinderung, sollte sich bei der diagnostizierten Hochbegabung möglichst zeitnah eine entsprechende Förderung anschließen, die es ermöglicht, die hohen kognitiven Potentiale zu nutzen und in entsprechende Leistung umzuwandeln.

4. Forderungen an die Bildungspolitik

Betrachtet man nun die aktuelle Bildungslage, so wird deutlich, dass das Schulsystem den oben erläuterten Besonderheiten bei Personen mit Behinderung nur minimal gerecht wird. Im Zuge dieser Diskussion entwickelte Sibylle Krauskopf (Krauskopf, 2002, S. 181) Handlungsalternativen für die Bildungspolitik, die, wenn sie so umgesetzt werden könnten für eine bessere Einbindung der behinderten Personen in die Gesellschaft und eine bessere Förderung begabter Behinderter sorgen würden. Man darf dabei allerdings nicht außer Acht lassen, dass bei solchen Umstrukturierungen immer die finanziellen Mittel verfügbar sein müssen, was zurzeit allerdings nicht der Fall ist.

Forderungen an die Bildungspolitik

1. Umkehr vom Denken in Behinderungsarten zu einer personenbezogenen, begabungsorientierten Sichtweise unter Berücksichtigung des behinderungsspezifischen Förderbedarfs

2. Umkehr von der Defizitorientierung zu einem förderdiagnostischen Konzept

3. Umkehr von der starren Fixierung auf Sonderschulen und dem damit verbundenen Vorrang institutioneller Regelungen und Festlegungen zur Vielfalt und flexiblen Ausstattung verschiedener Schulformen für behinderte Kinder

4. Neues Selbstverständnis der Sonderpädagogik als Bestandteil und Ergänzung der allgemeinen Pädagogik (z.B. Mobile sonderpädagogische Dienste)

5. Flexible Maßnahmen der Unterstützung in Regelschulen durch so genannte „Integrationshelfer"

6. Unterrichtskultur, die offene Formen der Zusammenarbeit und des Lernens bevorzugt, die eine didaktische Differenzierung der Unterrichtsinhalte nach verschiedenen Schwierigkeitsgraden unter Berücksichtigung verschiedener Begabungen zulässt und somit die Individualität der Schüler berücksichtigt

7. Enrichment-Ansatz -> über das normale Unterrichtsangebot hinausgehende Einzelförderung für überdurchschnittlich begabte Kinder mit Behinderungen

---

5. Fazit

„Die Herausforderung, die in dem Thema liegt, ergibt sich aus dem Postulat der individuellen und gesellschaftlichen Verantwortung gegenüber Behinderten: Nicht formale, organisatorische „Gleichheit der Bildungsmöglichkeiten für alle" ist gefordert, sondern personbezogene Gestaltung der Lernumwelt in Elternhaus, Schule und Hochschule entsprechend den individuellen Lernvoraussetzungen, Handlungsmöglichkeiten und sozialen Erfordernissen. Nicht um Gleichförmigkeit geht es, sondern um Chancengerechtigkeit. Die Orientierung auf die individuellen Bedürfnisse und Erwartungen der Behinderten hat der Schweizer Pädagoge Paul Moor bereits vor Jahren als Grundvoraussetzung dafür genannt, daß Behinderte ihre Identität finden können und als mündige Menschen ihren Lebensweg eigenständig verwirklichen lernen. Das gilt in besonderer Weise für Ansatzpunkt und Anliegen der Begabtenförderung bei Behinderten." (Jussen, 2002, S.217)

Diesen Worten von Heribert Jussen kann man abschließend nur zustimmen. Er wirft wiederum die Forderungen nach der Gleichstellung behinderter Personen im gesellschaftlichen als auch bildungspolitischen Bereich auf. Denn nur, wenn die Gesellschaft es versteht, behinderte Personen zu integrieren, kann es gelingen, behinderte Personen zu mündigen Bürgern zu machen. Hier ist wieder die Definition von Sander maßgeblich, die die Gesellschaft in den Mittelpunkt bei der Bestimmung von Behinderung rückt. Mit der Schaffung des persönlichen Budgets ist in der letzten Zeit ein wichtiger Schritt in diese Richtung unternommen worden, allerdings bedarf es noch einiger Anstrengungen,, um die Forderungen aus der sonderpädagogischen Forschung und Förderung umzusetzen. In dieser Situation ist die Gesellschaft gefragt, denn nur über Erlasse, wie es bereits zu Beginn angerissen wurde, sind diese integrativen Schritte nicht zu realisieren.

6. Literatur

Fels, Christian. (1999). *Identifizierung und Förderung Hochbegabter in den Schulen der Bundesrepublik Deutschland.* Bern: Haupt.

Glöckler, Michaela. (1992). *Begabung und Behinderung. Praktische Hinweise für Erziehungs- und Schicksalsfragen.* Stuttgart: Verlag Freies Geistesleben.

Hany, Ernst A. / Nickel, Horst (Hrsg.). (1992). *Begabung und Hochbegabung. Theoretische Konzepte – Empirische Befunde – Praktische Konsequenzen.* Bern: Huber.

Jäger, Michael / Jussen, Heribert (Hrsg.). (2002). *Förderung körper- und sinnesbehinderter Hochbegabter. Erkenntnisse und Notwendigkeiten.* Villingen-Schwenningen: Neckar-Verlag.

Jäger, Michael. (2002). Merkmale der Stiftungstätigkeit – Anforderungen und Chancen für Betroffene. In Jäger, M./Jussen, H. (Hrsg.), *Förderung körper- und sinnesbehinderter Hochbegabter. Erkenntnisse und Notwendigkeiten. (S. 54-79).* Villingen-Schwenningen: Neckar- Verlag.

Jussen, Heribert. (2002). Hochbegabung und deren Feststellung – Grundlagen zur Bestimmung von Fördermaßnahmen bei Körper- und Sinnesbehinderten. In Jäger, M./Jussen, H. (Hrsg.), *Förderung körper- und sinnesbehinderter Hochbegabter. Erkenntnisse und Notwendigkeiten.* (S. 80-90). Villingen-Schwenningen: Neckar- Verlag.

Jussen, Heribert. (2002). Schlussgedanken. In Jäger, M./Jussen, H. (Hrsg.), *Förderung körper- und sinnesbehinderter Hochbegabter. Erkenntnisse und Notwendigkeiten.* (S. 217-226). Villingen-Schwenningen: Neckar- Verlag.

Krauskopf, Sibylle. (2002). Zur Situation körperbehinderter Hochbegabter aus der Sicht einer Stipendiatin. In Jäger, M./Jussen, H. (Hrsg.), *Förderung körper- und sinnesbehinderter Hochbegabter. Erkenntnisse und Notwendigkeiten.* (S. 180-186). Villingen-Schwenningen: Neckar- Verlag.

Solarová, Svetluse. (1979). *Mehrfach behinderte Kinder und Jugendliche. Aktuelle und grundlegende Beiträge zur Mehrfachbehinderung.* Berlin: Marhold.

Weisser, Jan. (2005). *Behinderung, Ungleichheit und Bildung. Eine Theorie der Behinderung.* Bielefeld: transcript-Verlag.

Wellmitz, Barbara (Hrsg.). (1993). *Körperbehinderung.* Berlin: Ullstein Mosby.